Drucksache Nr. 2 (1926).

Der Reichsverkehrsminister.
E_I 12 Nr. 8134

Berlin, den 10. Dezember 1926.

Dem Reichseisenbahnrat lasse ich hierunter eine Übersicht der den deutschen Reichsbahntarifen zugrundeliegenden Einheitssätze der Beförderungsgebühren für Personen und Güter zur gefälligen Kenntnis zugehen.

Dr. Krohne.

An
den Reichseisenbahnrat.

A. Personen- und Gepäcktarif

(einschließlich Verkehrssteuer).

Ia. Fahrpreise für Personenzüge und zuschlagfreie Eilzüge.

1. Klasse	10,8 Pf.	für 1 Personenkilometer.
2. „	7,5 „	
3. „	5,0 „	
4. „	3,3 „	

Ib. Schnellzugzuschläge.

Zone I (für 1 bis 75 km): in 1. Klasse 2,00 RM; in 2. Klasse 1,00 RM; in 3. Klasse 0,50 RM
„ II („ 76 „ 150 „): „ 1. „ 4,00 „ ; „ 2. „ 2,00 „ ; „ 3. „ 1,00 „
„ III (über 150 „): „ 1. „ 6,00 „ ; „ 2. „ 3,00 „ ; „ 3. „ 1.50 „

Bei der Benutzung von F-Dzügen werden die doppelten Schnellzugszuschläge erhoben.

II. Hunde.

Für die Beförderung von Hunden wird der halbe Preis 3. Klasse für Eil- und Personenzüge erhoben.

III. Gepäck.

Die Gepäckfracht wird nach dem auf volle 10 kg aufgerundeten Gewicht und der nachstehenden Preistafel berechnet. Keine weitere Abrundung. Mindestfracht 0,20 RM Mindestgewicht 10 kg.

km	Gepäckfracht für 10 kg RM	km	Gepäckfracht für 10 kg RM	km	Gepäckfracht für 10 kg RM
1—25	0,20	247—275	1,20	606— 663	2,20
26—48	0,30	276—305	1,30	664— 720	2,30
49—69	0,40	306—334	1,40	721— 799	2,40
70—92	0,50	335—368	1,50	800— 930	2,50
93—117	0,60	369—402	1,60	931—1152	2,60
118—140	0,70	403—436	1,70	1153—1347	2,70
141—166	0,80	437—475	1,80	1348—1569	2,80
167—192	0,90	476—516	1,90	1570—1750	2.90
193—217	1,00	517—557	2,00		
218—246	1,10	558—605	2,10		

IV. Expreßgut.

Die Expreßgutfracht wird nach dem auf volle 10 kg (bei Sendungen bis zu 5 kg auf volle 5 kg) aufgerundeten Gewicht und der nachstehenden Preistafel berechnet.

Die Fracht wird auf volle 0,10 RM in der Weise abgerundet, daß Beträge unter 5 Pf. gar nicht, Beträge von 5 Pf. ab für 0,10 RM gerechnet werden.

Mindestgewicht 5 kg. **Mindestfracht 0,40 RM**

km	Expreßgutfracht für 10 kg RM	km	Expreßgutfracht für 10 kg RM	km	Expreßgutfracht für 10 kg RM
1—16	0,2	236—257	1,4	575—612	2,6
17—34	0,3	258—279	1,5	613—656	2,7
35—54	0,4	280—305	1,6	657—710	2,8
55—72	0,5	306—330	1,7	711—769	2,9
73—89	0,6	331—355	1,8	770—842	3,0
90—108	0,7	356—381	1,9	843—958	3,1
109—130	0,8	382—412	2,0	959—1152	3,2
131—150	0,9	413—441	2,1	1153—1319	3,3
151—169	1,0	442—470	2,2	1320—1486	3,4
170—189	1,1	471—499	2,3	1487—1652	3,5
190—213	1,2	500—540	2,4	1653—1750	3,6
214—235	1,3	541—574	2,5		

V. Leichen.

Für die Beförderung

mit Personenzügen. . . . . 0,50 RM } für das Tarifkilometer
„ Eil- oder Schnellzügen 0,80 „ }

in beiden Fällen unter Zuschlag einer Abfertigungsgebühr von 7,50 RM für den Wagen.

B. Gütertarif.

a) Normaltarif.

1. Die Frachtsätze sind nach folgenden — die Verkehrssteuer von 7 v. H. mitenthaltenden — Einheitssätzen berechnet.

Entfernung km	Stückgut allgem. I	Stückgut ermäßigte Stückgutklasse II	Wagenladungen Haupt- (15 t) Klasse A	B	C	D	E	F
A. Abfertigungsgebühren für 100 kg in Reichspfennig.								
Alle Entfernungen	32	32	20	20	18	14	12	10
B. Streckensätze für das Tonnenkilometer in Reichspfennig.								
1—100	17,1	13,4	11,5	9,6	7,8	6,2	3,7	2,7
101—200 (Anstoß)	15,4	12,0	10,3	8,6	7,1	5,5	3,4	2,5
201—300 „	13,7	10,8	9,3	7,7	6,2	5,0	2,9	2,1
301—400 „	11,9	9,4	8,0	6,7	5,4	4,4	2,6	1,9
401—500 „	10,3	8,0	6,9	5,8	4,7	3,7	2,2	1,6
501—600 „	8,6	6,7	5,8	4,8	3,9	3,1	1,9	1,4
601—700 „	6,8	5,4	4,6	3,8	3,1	2,5	1,4	1,0
701—800 „	5,1	4,0	3,4	2,9	2,4	1,8	1,1	0,8
801—900 „	3,4	2,7	2,3	1,9	1,5	1,3	0,8	0,6
über 900 „	1,8	1,3	1,2	1,0	0,8	0,6	0,4	0,3

2. Bruchpfennig, die sich bei Ermittlung der Frachtsätze in Reichspfennig nach den unter Ziffer 1 angegebenen Einheitssätzen ergeben, werden von 0,5 ab aufwärts abgerundet, im übrigen außer Betracht gelassen.

3. Die Frachtsätze für die Neben- (10 und 5 t) Klassen der Wagenladungen werden durch Erhöhung der abgerundeten Frachtsätze für die entsprechenden Hauptklassen gebildet, und zwar:

A 10 um 10% / A 5 „ 20%	der Hauptklasse A	abgerundet wie unter Ziffer 1 angegeben.
B 10 „ 10% / B 5 „ 20%	der Hauptklasse B	
C 10 „ 15% / C 5 „ 30%	der Hauptklasse C	
D 10 „ 20% / D 5 „ 40%	der Hauptklasse D	
E 10 „ 25% / E 5 „ 50%	der Hauptklasse E	
F 10 „ 30%	der Hauptklasse F	

4. Für Eilgut werden im Stückgutverkehr bei der allgemeinen Eilgutklasse (Ie) die doppelten, bei der ermäßigten Eilgutklasse (IIe) die einfachen Frachtsätze der Stückgutklasse I angewendet. Im Wagenladungsverkehr wird die Fracht berechnet:

   a) für die Güter der allgemeinen Eilgutklasse (Ie) nach der Tarifklasse A, A10 oder A5 für das doppelte Gewicht,
   b) für die Güter der ermäßigten Eilgutklasse (IIe) nach dem einfachen Gewicht und den gewöhnlichen Frachtgutsätzen.

5. Bei beschleunigtem Eilgut werden der Frachtberechnung für die Güter aller Tarifklassen zugrundegelegt:

   a) im Stückgutverkehr: die Frachtsätze der allgemeinen Eilgutklasse (Ie) für das $1^1/_2$ fache Gewicht;
   b) im Wagenladungsverkehr: die Frachtsätze der Wagenladungsklasse A, A10 oder A5 für das Dreifache des für Frachtgut zu berechnenden Gewichts.

Anmerkung. Die näheren Bestimmungen über die Frachtberechnung sowie die Übersicht über die den ermäßigten Stückgutklassen II und IIe und den Wagenladungsklassen B bis F angehörenden Güter sind aus dem deutschen Eisenbahngütertarif Teil I Abteilung B zu ersehen. Alle dort in der Gütereinteilung nicht genannten Erzeugnisse gehören im Stückgutverkehr den Klassen I, im Wagenladungsverkehr der Klasse A an.

b) Einheitssätze einiger verkehrswichtiger Ausnahmetarife.

1	2	3	4	5
Ausnahmetarife	Streckensatz		Abfertigungsgebühr für 100 kg Reichspfennig	Bemerkungen (Geltungsbereich, Ursprung u. a.)
Nr.	km	für 1 tkm Reichspfennig		
1. Stammholz usw. Beschlagenes Holz	1—100	5,1	11	Allgemein.
	101—200	4,5 (Anstoß)		
	201—300	4,1 „		
	301—400	3,6 „		
	401—500	3,0 „		
	501—600	2,6 „		
	601—700	2,0 „		
	701—800	1,5 „		
	801—900	1,0 „		
	über 900	0,5 „		

1	2	3	4	5
Ausnahmetarife Nr.	Streckensatz km	für 1 tkm Reichspfennig	Abfertigungsgebühr für 100 kg Reichspfennig	Bemerkungen (Geltungsbereich, Ursprung u. a.)
1b. Schnittholz usw., Daub- usw. Holz	1—100 101—200 201—300 301—400 401—500 501—600 601—700 701—800 801—900 über 900	5,6 5,0 (Anstoß) 4,6 " 4,0 " 3,3 " 2,8 " 2,3 " 1,6 " 1,2 " 0,6 "	13	Allgemein.
5. A. Steine aus Naturgestein, Schlackenpflastersteine, Kies, Hochofenschlacken, Scherben usw. zum Wege-, Bahn- u. Wasserbau B. Kies usw. zur Herstellung ortsfester Betonbauten auf der Baustelle C. Grenz-, Nummer- u. Vermessungssteine D. Sandsteinhorzeln	1—50 51—100 101—200 ab 201	2,6 1,6 (Anstoß) 1,4 " Klasse F—30%	8,0	Zu A—C Allgemein. Zu D zwischen allen Stationen der R.B.D. Dresden.
5a. Steine, rohe; Pflastersteine (ausgenommen solche mit rechtwinkligen Kopf- und gleichmäßigen Seitenflächen); Packlage- (Stick-) steine, Steinschrotten, Steinschlag u. Schotter zum Wege-, Bahn- u. Wasserbau	wie A.-T. 5c		wie A.-T. 5c	Von Stationen an und östlich der Linie Cammin (Pom.) — Stettin — Cüstrin — Frankfurt (Oder) — Cottbus — Horka — Kohlfurt — Breslau — Brieg — Neisse — Ziegenhals Hbf. (mit Ausnahme der Stationen Deutsch Wette, Neisse, Ziegenhals Hbf.) sowie von bestimmten Stationen der Reichsbahndirektionen Breslau, Dresden und Halle nach Stationen an und östlich der Linie Rostock — Pritzwalk — Neustadt (Dosse) — Rathenow — Brandenburg — Belzig — Jüterbog — Falkenberg b. Torgau — Cottbus — Horka — Kohlfurt — Breslau — Brieg — Neisse — Ziegenhals Hbf. und einigen Privatbahnen.

1	2	3	4	5
Ausnahmetarife Nr.	Streckensatz km	für 1 tkm Reichspfennig	Abfertigungsgebühr für 100 kg Reichspfennig	Bemerkungen (Geltungsbereich, Ursprung u. a.)
5c. Steingrus u. Steinsplitt, ungemahlen u. ungewaschen, Steinschutt u. Abraum aus Steinbrüchen, ungereinigt, zur Herstellung ortsfester Betonbauten auf der Baustelle usw.	1—50 51—100 101—200 ab 201	2,2 1,8 (Anstoß) 1,2 " Klasse F—35 %	7,0	Allgemein. Unterstützung der Steinindustrie durch Erleichterung der Abbeförderung des lästigen Abfalls.
6. A. Steinkohlen, Steinkohlenbriketts, Steinkohlenkoks, B. Braunkohlen Braunkohlenbriketts Braunkohlenkoks C. Gaskoks	1—350 351—400 401—500 501—600 601—704 übrige Entfernungen	3,0 1,1 (Anstoß) 0,7 " 0,3 " 0,2 " 1,4 *) " **)	11	Zu A und B; von den deutschen Kohlengewinnungsstätten und Wasserumschlagstellen allgemein. Zu C allgemein.
7. I A. Eisenerz usw. an Eisen und Stahl erzeugende Hochöfen usw. B. Eisenerz usw. an Bleihüttenwerke C. Schwefelkiesabbrände zur Entzinkung II. Blechwaren, alte an Entemaillierungs-, Entzinkungs- und Entzinnungsanstalten	1—100 101—190 über 190	2,5 2,2 (Anstoß) 1,4 "	10,0	Allgemein mit Ausnahme einiger Privatbahnen nach allen Stationen, die für diese Betriebe als Empfangsstationen in Betracht kommen. (Erleichterung des Erzbezuges.) Soweit die Frachtsätze der Klasse F niedriger sind, werden diese berechnet.
8. Seefische, frische usw. von Stationen des Küstengebiets	a) 1—150 151—200 201—300 ab 301 km Zuschlag von 30 % zu den Sätzen der Wagenlad. Kl. B 5	Stückgut regelr. Frachten 1,4 (Anstoß) 0,7 "		Von Stationen mit Seefischerei nach allen deutschen Stationen.

*) Anstoß des Vorkriegssatzes, so daß von 704 km ab die Frachtsätze des Vorkriegstarifs gelten.

**) Ohne Verkehrsteuer, da diese für Kohlen nicht erhoben wird.

1	2	3	4	5
Ausnahmetarife Nr.	Streckensatz km	für 1 tkm Reichspfennig	Abfertigungsgebühr für 100 kg Reichspfennig	Bemerkungen (Geltungsbereich, Ursprung u. a.)
	b) Wagenladungen			
	1. Hauptklasse			
	1—150	regelr. Frachten		
	151—200	3,0 (Anstoß)		
	201—300	1,4 „		
	301—500	0,7 „		
	über 500 halbe Frachtsätze der Kl. B			
	2. Nebenklassen			
	10 t-Klasse	Hauptkl. + 10%		
	5 t-Klasse	„ + 20%		
11. Düngemittel				
A. der Klasse D, z. B. phosphorsaures Ammoniak u. phosphorsaurer Kaliammonsalpeter u. andere.	zu A Klasse E, E 10, E 5 ungekürzt			Bei Verwendung zum Düngen im Deutschen Reich: allgemein.
B. der Klasse E, a) hochprozentige Kalisalze und bestimmte Mischungen mit diesen,	zu Ba Klasse E, E 10, E 5 gekürzt um 20%			
b) bestimmte Stickstoffdüngemittel (z. B. schwefelsaures Ammoniak, Kali-Kalk-Salpeter) und andere Düngemittel	zu Bb gekürzt um 30%			
C. der Klasse F, a) Stalldünger usw., Phosphate, Schlamm, Schlick usw.	zu Ca Klasse F, F 10 u. E5 gekürzt um 20%			
b) geringere Kalisalze, Kainit, Kieserit usw.	zu Cb gekürzt um 30%			
c) Düngekalk	zu Cc „ „ 35%			
d) Mischkalkmergel	zu Cd „ „ 40%			
e) Gips, Höhlendünger, Kalkasche u. Staubkalk, Kalkschlamm, gemahlener Kalkstein u. Marmor, Mergel usw.	zu Ce „ „ 45%			

C. Tiertarif.

a) Vorbemerkung.

Der Frachtberechnung für lebende Tiere wird eine Normalklasse (Stückklasse S 3 für Schweine über 75 kg) zugrundegelegt. Die Normalklasse ist in Stufen eingeteilt, derart, daß je eine Stufe einem Stück entspricht. Die übrigen vier Tierklassen sind zur Normalklasse S 3 in folgendes ziffernmäßiges Verhältnis gebracht:

Verhältnis der Klasse S 3

zu S 1 (Pferde, Maultiere, Ponies über 1 Jahr alt, Elefanten, Kamele usw.) . . . . = 1:8

zu S 2 (Pferde, Maultiere, Ponies bis zu einem Jahr, sowie sonstiges Großvieh (Rinder usw.), soweit nicht zu Klasse S 1 gehörig) . . . . = 1:3

zu S 4 (Schweine, das Stück über 35 bis zu 75 kg schwer, Kälber bis zu 6 Monaten, Schafe, Ziegen, Hunde) . . . . = 1:$^1/_2$

zu S 5 (Ferkel, Lämmer, Zicklein, sonstige kleine Tiere (ausgen. Geflügel), das Stück nicht über 35 kg schwer) . . . . = 1:$^1/_5$

Für Geflügel, das in der Regel in mehrbödigen Wagen befördert wird, sind besondere Ladungsklassen (L 1 bis L 7) eingerichtet, die ebenfalls in ein bestimmtes Verhältnis zur Normalklasse S 3 gebracht worden sind.

Es gilt für Sendungen in einem Wagen mit:

1	Boden	die	Fracht	für	20	Stück	der	Klasse	S 3
2	„	„	„	„	40	„	„	„	S 3
3	„	„	„	„	45	„	„	„	S 3
4	„	„	„	„	50	„	„	„	S 3
5	„	„	„	„	55	„	„	„	S 3
6	„	„	„	„	60	„	„	„	S 3
7	„	„	„	„	65	„	„	„	S 3

Zu den Streckensätzen wird eine Abfertigungsgebühr von 20 Rpf. für das Stück der Normalklasse S 3 oder für die Stufe hinzugerechnet.

Die Grundsätze für die Frachtberechnung und die sonstigen Tarifbestimmungen sind aus Abschnitt B des deutschen Eisenbahntiertarifs Teil I und dem Anhang zum Reichsbahntiertarif (Tierfrachtzeiger) zu ersehen.

b) 1. Einheitssätze für das km für 1 Stück der Normalklasse S3 in Rpf.

Stufe (= Stück)	1	2	3	4	5	6	7	8	9	10	11	12	13	14	15	16	17	18	19	20	21	22	23	24
km	Pf.	Pf.	Pf.	Pf.	Pf.	Pf.	Pf.	Pf.	Pf.	Pf.	Pf.	Pf.	Pf.	Pf.	Pf.	Pf.	Pf.	Pf.	Pf.	Pf.	Pf.	Pf.	Pf.	Pf.
1—100	2,42	2,38	2,33	2,29	2,24	2,20	2,15	2,11	2,06	2,02	1,97	1,93	1,88	1,84	1,79	1,75	1,70	1,66	1,61	1,57	1,52	1,48	1,43	1,39
	(Abstufungen von je 0,045 Pf. für die Stufen 1—40)																							
101—200	1,98	1,94	1,91	1,88	1,84	1,80	1,76	1,73	1,69	1,66	1,62	1,58	1,55	1,51	1,48	1,44	1,40	1,37	1,33	1,30	1,26	1,22	1,19	1,15
	(Abstufungen von je 0,036 Pf. für die Stufen 1—40)																							
201—300	1,87	1,83	1,80	1,76	1,73	1,69	1,65	1,62	1,58	1,55	1,51	1,47	1,44	1,40	1,37	1,33	1,29	1,26	1,22	1,19	1,15	1,11	1,08	1,04
	(Abstufungen von je 0,036 Pf. für die Stufen 1—40)																							
301—400	1,55	1,52	1,49	1,47	1,44	1,41	1,38	1,35	1,33	1,30	1,27	1,24	1,21	1,19	1,16	1,13	1,10	1,07	1,05	1,02	0,99	0,96	0,93	0,91
	(Abstufungen von je 0,028 Pf. für die Stufen 1—40)																							
401—500	1,23	1,21	1,19	1,17	1,15	1,13	1,11	1,09	1,07	1,05	1,03	1,01	0,99	0,97	0,95	0,93	0,91	0,89	0,87	0,85	0,83	0,81	0,79	0,77
	(Abstufungen von je 0,02 Pf. für die Stufen 1—40)																							
501—600	1,03	1,02	1,00	0,99	0,97	0,96	9,94	0,93	0,91	0,90	0,88	0,87	0,85	0,84	0,82	0,81	0,79	078	0,76	0,75	0,73	0,72	0,70	0,69
	(Abstufungen von je 0,015 Pf. für die Stufen 1—40)																							
601—700	0,88	0,87	0,85	0,84	0,82	0,81	0,79	0,78	0,76	0,75	0,73	0,72	0,70	0,69	0,67	0,66	0,64	0,63	0,61	0,60	0,58	0,57	0,55	0,54
	(Abstufungen von je 0,015 Pf. für die Stufen 1—40)																							
701—800	0,70	0,69	0,68	0,66	0,65	0,64	0,63	0,62	0,60	0,59	0,58	0,57	0,56	0,54	0,53	0,52	0,51	0,50	0,48	0,47	0,46	0,45	0,44	0,42
	(Abstufungen von je 0,012 Pf. für die Stufen 1—40)																							
801—900	0,40	0,39	0,39	0,38	0,37	0,37	0,36	0,35	0,34	0,34	0,33	0,32	0,32	0,31	0,30	0,30	0,29	0,28	0,27	0,27	0,26	0,25	0,25	0,24
	(Abstufungen von je 0,007 Pf. für die Stufen 1—40)																							
901—1000	0,20	0,20	0,19	0,19	0,19	0,19	0,18	0,18	0,18	0,17	0,17	0,17	0,16	0,16	0,16	0,16	0,15	0,15	0,15	0,14	0,14	0,14	0,13	0,13
	(Abstufungen von je 0,003 Pf. für die Stufen 1—40)																							

Stufe (= Stück)	25	26	27	28	29	30	31	32	33	34	35	36	37	38	39	40	41.—80. Stufe in Abstufungen von bis	für die Stufe	Von der 81. Stufe ab Anstoß für die Stufe
km	Pf.	Pf.	Pf.	Pf.	Pf.	Pf.	Pf.	Pf.	Pf.	Pf.	Pf.	Pf.	Pf.	Pf.	Pf.	Pf.	Pf.	Pf.	Pf.
1— 100	1,34	1,30	1,25	1,21	1,16	1,12	1,07	1,03	0,98	0,94	0,89	0,85	0,80	0,76	0,71	0,67	0,652—0,145	0,013	0,110
	(Abstufungen von je 0,045 Pf. für die Stufen 1—40)																		
101— 200	1,12	1,08	1,04	1,01	0,97	0,94	0,90	0,86	0,83	0,79	0,76	0,72	0,68	0,65	0,61	0,58	0,564—0,096	0,012	0,090
	(Abstufungen von je 0,036 Pf. für die Stufen 1—40)																		
201— 300	1,01	0,97	0,93	0,90	0,86	0,83	0,79	0,75	0,72	0,68	0,65	0,61	0,57	0,54	0,50	0,47	0,456—0,066	0,010	0,066
	(Abstufungen von je 0,036 Pf. für die Stufen 1—40)																		
301— 400	0,88	0,85	0,82	0,79	0,77	0,74	0,71	0,68	0,65	0,63	0,60	0,57	0,54	0,51	0,49	0,46	0,448—0,058	0,010	0,058
	(Abstufungen von je 0,028 Pf. für die Stufen 1—40)																		
401— 500	0,75	0,73	0,71	0,69	0,67	0,65	0,63	0,61	0,59	0,57	0,55	0,53	0,51	0,49	0,47	0,45	0,440 - 0,050	0,010	0,050
	(Abstufungen von je 0,02 Pf. für die Stufen 1—40)																		
501— 600	0,67	0,66	0,64	0,63	0,61	0,60	0,58	0,57	0,55	0,54	0,52	0,51	0,49	0,48	0,46	0,45	0,435—0,045	0,010	0,045
	(Abstufungen von je 0,015 Pf. für die Stufen 1—40)																		
601— 700	0,52	0,51	0,49	0,48	0,46	0,45	0,43	0,42	0,40	0,39	0,37	0,36	0,34	0,33	0,31	0,30	0,289—0,035	0,0065	0,035
	(Abstufungen von je 0,015 Pf. für die Stufen 1—40)																		
701— 800	0,41	0,40	0,39	0,38	0,36	0,35	0,34	0,33	0,32	0,30	0,29	0,28	0,27	0,26	0,24	0,23	0,227—0,032	0,005	0,032
	(Abstufungen von je 0,012 Pf. für die Stufen 1—40)																		
801— 900	0,23	0,23	0,22	0,21	0,20	0,20	0,19	0,18	0,18	0,17	0,16	0,16	0,15	0,14	0,13	0,13	0,124—0,007	0,003	0,007
	(Abstufungen von je 0,007 Pf. für die Stufen 1—40)																		
901—1000	0,13	0,13	0,12	0,12	0,12	0,11	0,11	0,11	0,10	0,10	0,10	0,10	0,09	0,09	0,09	0,08	0,081—0,003	0,002	0,002
	(Abstufungen von je 0,003 Pf. für die Stufen 1—40)																		

2. Abfertigungsgebühr: 20 Rpf. für jede Stufe.

www.ingramcontent.com/pod-product-compliance
Lightning Source LLC
LaVergne TN
LVHW080002031026
849161LV00026B/2987